Michelle Meiers

AF239671

A B C + 1

lesen, schreiben, rechnen

1. Auflage
Copyright © 2011 by Michelle Meiers, Völklingen
Outside79@gmx.de
Cover by Michelle Meiers

Herstellung und Verlag:
Books on Demand GmbH, Norderstedt

ISBN: 978-3-8448-0187-3

IN DIESES FELD IMMER DIE SEITENZAHL EINTRAGEN!!!!

INHALT:

Kapitel 1 Buchstaben ergänzen:

Das Alphabet:

A a   B b   C c   D d   E e   F f

-----------   -----------   ---------   -----------   ----------   ---------

G g   H h   I i   J j   K k   L l

----------   -----------   --------   ---------   ----------   --------

M m   N n   O o   P p   Q q   R r

-----------   ----------   -----------   ----------   -----------   ----------

S s   T t   U u   V v   W w   X x

----------   -----------   ------------   ----------   ------------   ---------

Y y   Z z

----------   ----------

1   2   3   4   6   7   8   9   0

Der Hund unserer Nachbarn ist schwarz und hat einen langen Schwanz.

D_r Hu_d un_erer N_ch_arn i_t sc_warz und h_t ei_en lan_en Sch_anz.

Unsere Oma besucht uns jede Woche.

Un_ere O_a bes_cht un_ je_e W_che.

Ich putze mir täglich die Zähne.

I_h put_e m_r t_glich d_e Zä_ne.

Meine Mama ist die beste Mutter auf der Welt.

Me_ne Ma_a i_t _ie bes__e M_tter a_f W_lt.

Ich esse sehr gerne Hamburger und Pommes Frites.

Ic_ e_se se_r _erne Ha_bu_ger _nd Po_mes Fr_tes.

Aber auch Obst schmeckt mir sehr gut.

A_er a_ch O_st schm_ckt _ir se_r _ut.

In der Schule werde ich viele neue Freunde haben.

_n de_ S_hule _erde ic_ _iele ne_e _reunde ha_en.

Die Schule beginnt um acht Uhr am Morgen.

_ie Schu_e _eginnt u_ ac_t _hr a_ M_rgen.

Lesen ist ein sinnvoller Zeitvertreib.

_esen i_t ei_ sinn_oller _eitvert_eib.

Schreibe hier die Buchstaben des Alphabetes auf:

_____

_____

_____

_____

_____

_____

_____

Kapitel 2 Wörter ergänzen:

Katzen jagen Mäuse.

_____ jagen Mäuse.

Das Auto meines Vaters fährt schneller als mein Fahrrad.

Das Auto meines _____ fährt schneller _____ mein _____.

Ich darf täglich eine Stunde fernsehen.

Ich _____ _____ eine Stunde

_____.

In der Schule lerne ich lesen und rechnen.

In der _____ lerne ich _____ und _____.

Im Herbst fliegen einige Vogelarten in den Süden.

Im _____ fliegen einige _____

in den _____.

Die Erde dreht sich um die Sonne.

Die _____ _____ sich um die _____.

Man sollte nicht mehr als eine Stunde fernsehen am Tag.

Man _____ nicht _____ als eine

_____ fernsehen am _____.

Ich sollte jede Woche Sport treiben.

Ich _____ jede _____ Sport

_____.

Kapitel 3 Rechnen:

1   eins   _____

2   zwei   _____

3   drei   _____

4   vier   _____

5   fünf   _____

6   sechs   _____

7   sieben   _____

8   acht   _____

9   neun   _____

10   zehn   _____

0   null   _____

+   plus   _____

-     minus   _____

Eins plus eins ist gleich? _____ $(1+1=\underline{\quad})$

Eins plus zwei ist gleich? _____ $(1+2=\underline{\quad})$

Zwei plus drei ist gleich? _____ $(2+3=\underline{\quad})$

Zwei minus eins ist gleich? _____ $(2-1=\underline{\quad})$

Drei minus eins ist gleich? _____ $(3-1=\underline{\quad})$

Fünf plus fünf ist gleich? _____ $(5+5=\underline{\quad})$

Fünf minus fünf ist gleich? _____ $(5-5=\underline{\quad})$

Zehn minus sieben ist gleich? _____ $(10-7=\underline{\quad})$

Acht plus eins ist gleich? _____ $(8+1=\underline{\quad})$

Vier plus vier ist gleich? _____ $(4+4=\underline{\quad})$

Neun minus fünf ist gleich? _____ $(9-5=\underline{\quad})$

Sechs plus drei ist gleich? _____ $(6+3=\underline{\quad})$

Sechs minus zwei ist gleich? _____ $(6-2=\underline{\quad})$

$1 + 1 =$ ___

$1 + 3 =$ ___

$2 + 3 =$ ___

$4 + 1 =$ ___

$6 - 2 =$ ___

$10 - 8 =$ ___

$5 + 4 =$ ___

$7 - 5 =$ ___

$0 + 8 =$ ___

$6 - 0 =$ ___

$9 - 4 =$ ___

$1 + 9 =$ ___

1+1 =	2+1=	3+1=	4+1=
1+2=	2+2=	3+2=	4+2=
1+3=	2+3=	3+3=	4+3=
1+4=	2+4=	3+4=	4+4=
1+5=	2+5=	3+5=	4+5=
1+6=	2+6=	3+6=	4+6=
1+7=	2+8=	3+7=	10-1=
1+8=	10-2=	10-3=	10-4=
1+9=	10-5=	10-6=	10-7=
10-8=	10-7=	10-8=	10-9=
10-10=	0+5=	0+8=	0+0=

Kapitel 4

Wörter ergänzen und rechnen:

Herbert besitzt einen Papagei. Er kauft sich einen weiteren Papagei dazu. Wie viele Vögel besitzt er nun?

_____ besitzt einen _____. Er

_____ sich einen _____ Papagei

dazu. Wie _____ Vögel _____ er nun?

Antwort: Zahl ____   Wort: _____

Peter hat sich fünf Müsliriegel gekauft. Zwei davon isst er. Wie viele Riegel bleiben ihm noch?

Peter hat sich fünf _____ gekauft.

Zwei _____ isst er. ____ viele Riegel

_____ ihm noch?

Antwort: Zahl: _____ Wort: _____

Wir kaufen einen Apfel, eine Banane, eine Grapefriut, eine Orange und eine Mandarine. Wie viele Früchte haben wir gekauft?

Wir _____ einen _____, eine

_____, eine Grapefruit, eine _____

und eine _____. Wie viele _____

haben wir _____?

Antwort: Zahl: ____ Wort: _____

Meine Oma hat mir fünf Euro Taschengeld gegeben.

Meine _____ hat mir fünf Euro _____ gegeben.

Von meiner Mutter habe ich drei Euro bekommen. Wie viel Geld habe ich insgesamt?

Von meiner _____ habe ich drei _____

bekommen. Wie viel _____ habe ich

_____?

Antwort: Zahl: _____ € Wort: _____ Euro

Morgen essen wir Fischstäbchen. Mein Vater isst vier, meine Mutter bekommt drei Fischteile und ich darf zwei Stäbchen essen. Wie viele Fischstäbchen hat die Mutter gebraten?

_____ essen wir Fischstäbchen. Mein

_____ isst vier, meine Mutter _____

drei _____ und ich darf zwei

Stäbchen essen. Wie viele Fischstäbchen hat

die Mutter _____?

Antwort: Zahl: _____   Wort: _____

Kapitel 5 Fragen beantworten:

Lösungswörter:

Gelb _____

Katzen _____

Fische _____

Zehn _____

Doktor _____

Geburtstag _____

Hunde _____

Vögel _____

Spielplatz _____

Schule _____

-Welche Farbe hat eine Banane? _____

-Welche Tiere bellen? _____

-Wo findet man Schaukeln, Rutschen und Sandkästen? _____

-Wo lerne ich lesen, schreiben und rechnen? In der _____

-Welche Tiere leben im Wasser? _____

-Wie viel ist eins plus fünf plus zwei plus zwei? _____

-Was ist ein anderes Wort für Arzt? _____

-Wie heißt der Tag an dem du geboren wurdest? _____

-Wer kann fliegen? _____

-Welche Tiere fressen gerne Mäuse? _____

Wie heißt deine Mutter?_____

Wie heißt dein Vater? _____

Wie heißen deine Großeltern?

Oma: _____

Opa: _____

Was ist deine Lieblingsfarbe? _____

Wie heißt der Ort in dem du wohnst?

_____

Wie heißt dein bester Freund? _____

Was ist dein Lieblingstier? _____

Was isst du gerne? _____

Welchen Beruf möchtest du mal lernen?

_____

Kapitel 6 Die Monate:

Januar   _____

Februar   _____

März   _____

April   _____

Mai   _____

Juni   _____

Juli   _____

August   _____

September   _____

Oktober   _____

November   _____

Dezember   _____

In welchem Monat bist du geboren?

_____

In welchem Monat findest das Weihnachts-

fest statt? _____

Der dritte Monat des Jahres heißt? _____

Der sechste Monat im Jahr ist heißt _____

Schreibe hier alle Monate hin, die mit einem

„J" beginnen: _____ _____

_____

Schreibe hier alle Monate hin, die den

Buchstaben „A" enthalten: _____

_____

_____

Kapitel 7

Rechnen mit den Zahlen bis 20:

11 elf _____

12 zwölf _____

13 dreizehn _____

14 vierzehn _____

15 fünfzehn _____

16 sechzehn _____

17 siebzehn _____

18 achtzehn _____

19 neunzehn _____

20 zwanzig _____

Elf plus drei ist gleich: Zahl ____

Wort _____

Fünfzehn minus zwei ist gleich: Zahl ____

Wort _____

Zwanzig minus neun ist gleich: Zahl ____

Wort _____

Sechzehn plus eins ist gleich: Zahl ____

Wort _____

Achtzehn minus vier ist gleich: Zahl ____

Wort _____

Zwölf plus acht ist gleich: Zahl ____

Wort _____

Dreizehn plus drei ist gleich: Zahl ____

Wort _____

Neunzehn minus eins ist gleich: Zahl ____

Wort _____

Kapitel 8 Die Uhrzeit

Schreibe die folgende Uhrzeit in Worten:

Beispiel: 14:09 Uhr → Vierzehn Uhr neun

20:08 Uhr   _____

09:17 Uhr   _____

12:18 Uhr   _____

08:02 Uhr   _____

10:00 Uhr   _____

15:05 Uhr   _____

01:20 Uhr   _____

00:09 Uhr   _____

06:15 Uhr   _____

Schreibe die folgenden Wörter als Uhrzeit.

Beispiel: Zehn Uhr siebzehn → 10:17 Uhr

Elf Uhr zwei _____

Dreizehn Uhr fünf _____

Zwölf Uhr drei _____

Neun Uhr vierzehn _____

Zwanzig Uhr _____

Drei Uhr siebzehn _____

Vier Uhr zwölf _____

Fünf Uhr fünfzehn _____

Sieben Uhr elf _____

Zehn Uhr acht _____

Kapitel 9 VON ALLEM ETWAS:

Schreibe den Text von Seite 28 auf Seite 29 ab und beantworte die Fragen von Seite 30.

Es ist neun Uhr drei. Peters Wecker klingelt.

Er steht auf und geht in die Küche.

Hier warten bereits seine Eltern auf ihn.

Es gibt Frühstück.

Auf dem Küchentisch stehen ein Glas mit Erdbeermarmelade, eines mit Kirschmarmelade und eines mit Aprikosenmarmelade.

Peter setzt sich.

Er sieht auf die Uhr und erkennt die Uhrzeit: 09:07 Uhr.

Er nimmt sich eine Scheibe Schwarzbrot und eine Scheibe Roggenbrot.

Danach greift er nach der Erdbeermarmelade, schmiert sie auf die Brotscheibe und isst sie auf.

Wie spät ist es, als Peter aufsteht? ___Uhr____

Wie viele Brotscheiben nimmt Peter? _____

Wie viele Marmeladengläser stehen auf dem Küchentisch? Wort_____ Zahl ___

Wie spät ist es, als Peter sich an den Küchentisch setzt? (in Worten) _____

Finde die Fehler!

1 + 3 = 5 Was ist das richtige Ergebnis?

1 + 3 = Zahl ____   Wort _____

10 – 4 = 5 Wie lautet das richtige Ergebnis?

10 – 4 = Zahl ____   Wort ____

Wie schreibt man die Uhrzeit richtig?

Neun Uhr siebzehn = 09:71 Uhr _____

Zwölf Uhr elf = 08:12 Uhr _____

Ein Uhr zwanzig = 10:01 Uhr _____

Vierzehn Uhr = 14:59 Uhr _____

Acht Uhr acht = 80:80 Uhr _____

08:01 Uhr = elf Uhr zwei _____Uhr_____

11:00 Uhr = ein Uhr _____ Uhr

Ergänze die fehlenden Buchstaben des Alphabetes:

A B C __ __ __ G H I J __ L __ N __ __ Q R S __ U __ W X Y Z

Was passt zusammen? (bitte mit einem Strich verbinden)

Beispiel: Katze   bellen
           Hund   miauen

Banane   lernen

Schule   rutschen

Kuh   einkaufen

Vögel   Milch

Spielplatz   fliegen

Geschäft   gelb